中华中医昆仑

赵绍琴学术评传

张镜源◎主编

中国盲文出版社

图书在版编目（CIP）数据

赵绍琴学术评传（大字版）/ 张镜源主编. —北京：中国盲文出版社，2015.12
（中华中医昆仑）
ISBN 978-7-5002-6745-4

Ⅰ. ①赵… Ⅱ. ①张… Ⅲ. ①赵绍琴（1918～2001）—评传 Ⅳ. ①K826.2

中国版本图书馆 CIP 数据核字（2015）第 302886 号

赵绍琴学术评传

主　　编：张镜源
责任编辑：戴皓宁
出版发行：中国盲文出版社
社　　址：北京市西城区太平街甲 6 号
邮政编码：100050
印　　刷：北京华联印刷有限公司
经　　销：新华书店
开　　本：700×1000　1/16
字　　数：42 千字
印　　张：6.5
版　　次：2015 年 12 月第 1 版　2016 年 3 月第 2 次印刷
书　　号：ISBN 978-7-5002-6745-4/K · 374
定　　价：12.00 元
销售服务热线：（010）83190297　83190289　83190292

丛书编委会

前 言

中医药是中华民族的伟大创造，是世界医学宝库中的夺目瑰宝，数千年来为中华民族的繁衍昌盛作出了巨大的不可磨灭的贡献，至今仍是中国医药卫生事业不可分割的重要组成部分，在维护民族体魄康健、促进经济社会发展中发挥着不可替代的作用。

中医药学，是中华传统文化和科技文明的结晶，是勤劳聪慧的中华儿女在几千年生产生活实践中，在与疾病作斗争的过程中，创造的独具特色的医学科学体系。它有着浓郁的民族特色、深厚的文化底蕴和丰富的哲学内涵。经过一代又一代中医药传人、一辈又一辈名医大家的实践探索、薪火传承、总结完善、创新发展，逐步形成了系统的理论体系、独特的诊疗方法、丰富的医学内容、实用的制药技术。具有疗效确切、用药安全、应诊灵活、普适简廉和预防保健作用显著的巨大优势，在世界医学之林独树一帜，为人类的文明进步与医疗保健事业，已经并正在作出积极的贡献。

为了弘扬中华民族传统文化，彰显中医药学家的丰功伟绩，当代中医药发展研究中心与中国文学艺术界联合会、国家中医药管理局新闻办公室、中华中医药学会、中国中医科学院、北京中医药大学、世界中医药学会联合会等精诚合作，在国家中医药管理局的支持和指导下，为中华近现代百年来贡献卓著、深受敬仰的150位中医药学家，编撰出版了这部大型传记丛书。丛书采用评传体裁，记载他们的生平事迹、医术专长、学术思想、传承教育、医风医德、养生之道和突出贡献，使这些宝贵的医学成就和精神财富发扬光大，千古流芳。

从书取名《中华中医昆仑》。昆仑山，被尊为“万山之祖”，柱西北而瞰东南，立中国而凭世界，凌驾乾坤，巍然屹立。以其高峻豪迈、绵延起伏的磅礴气势，寓意中华中医药学历史悠久、博大精深和永不衰竭；以其挺拔雄伟、高耸入云的恢弘气魄，彪炳一代中医药学家的丰功伟绩、杰出贡献和不朽勋业。

从书入选传主，从全国范围推荐遴选，遍及中医药界各个领域。有临床家、理论家、药学家、教育家、医史文献学家；有名师亲授、世医家教、学派传人、院校毕业和自学成才者；有师徒并驾、父子齐名和伉俪联袂者。他们学术造诣深厚、诊疗技术精湛、临床经验丰富、学科地位崇高、科研成果丰硕、医风医德高尚、国内外影响较大，从医学理论到临床实践，为中医药事业的传承和发展作出了突出贡献，是近现代百年来中华中医药界的杰出代表。

丛书的出版，对于弘扬中华文化，振兴中医药事业，造就中医药人才，普及中医药知识，具有重要的现实意义和深远的历史意义。这是一项开创性工作，填补了我国为著名中医药学家大规模撰写传记的空白；也是一项抢救性工作，因入选传主已仙逝过半，许多亲历、亲见、亲闻的史料日见散逸，将之收集整理、编撰成书，功垂后世、利国利民；更是一项承前启后的工作，总结传主经验，传承中医药伟业，继往开来，光耀世界医学之林。这部医文结合，富蕴历史性、学术性、文学性和实用性的鸿篇巨制，对医疗、卫生、科研、教育及全球关注中华中医药文化的各界人士，都有重要的参考和阅读价值。

丛书的编撰出版，是一项巨大的中医药文

化建设工程，在策划、撰写、编辑、出版过程中，自始至终得到了国家有关领导、政府部门及社会各界人士的关心和支持。国家中医药管理局高度重视，并组织专家对全书进行终审；数百名专家、学者亲临指导，参与规划；有关省、市、自治区卫生厅、局、中医局（处）给予大力帮助；传主及其亲属、弟子热情支持、密切配合；撰稿人深情满怀、辛勤笔耕；编审专家尽心竭力、精工细琢；关爱中医药事业的企业家热心公益、慷慨资助；全体工作人员不辞辛劳、无私奉献，这一切使丛书得以顺利出版。对此，我们深表谢意。

由于时间紧迫和资料搜集困难，加之水平有限，难免有疏误之处，敬请广大读者批评指正。

中华中医药学，历史悠久，源远流长，发端于远古，奔向于未来。百年对于历史，不过是短暂的瞬间；百人对于万众，不过是沧海一粟。然本丛书所记载的百年百人，则无疑是波澜壮阔的中医药发展史上辉煌的篇章和光芒闪烁的璀璨星辰。

张镜源

目录

承家学　采众长　根基雄厚　/ 05
疗温病　创新论　仁心妙术　/ 12
治喉癌　克肾病　再创奇迹　/ 24
脉诊法　察幽微　承古创新　/ 36
小药方　起沉疴　清灵平正　/ 50
效药王　勤锻炼　祛病延年　/ 60
担道义　呼振兴　诤言上书　/ 69
访多国　著文章　四海称颂　/ 77
享良缘　育英才　献身医学　/ 85

咱们做医生的一定要懂得，患者是我们的衣食父母。患者的利益高于一切。医生所做的一切都应该是为了患者，只有这样才有可能成为一个好医生。

——赵绍琴

赵绍琴（1918—2001），字光滢。著名中医临床家、教育家。擅长治疗温病、肾病、内科顽症，并在理论上有所创新。对肾系慢性疾病的中医治疗有深入研究，取得了突破性进展。尤其对温病学说有所创新和发展，且临床多有效验。著有《温病纵横》、《温病浅谈》、《文魁脉学》、《赵文魁医案选》、《赵绍琴医案精选》、《赵绍琴临床四百法》、《赵绍琴经验辑要》等。是全国首批老中医药专家学术经验继承工作指导老师，国家教委首批核准的中医教授、硕士研究生导师，享受国务院政府特殊津贴，先后培养中医温病专业硕士研究生20余人。曾当选为全国和北京市政协委员。

承家学　采众长　根基雄厚

1918 年 12 月 4 日，北京故宫旁边的赵家宅院里，三代御医之后的新一代传人诞生了，这就是本书的主人公赵绍琴。身为太医院御医的赵永宽，为爱孙取名“光滢”。

赵绍琴的父亲赵文魁（1873—1934），字友琴。祖籍浙江绍兴，祖上世代业医。到赵文魁时，赵家已居北京九代。从文魁的祖父起，入太医院供职，其父赵永宽为光绪前期御医。赵文魁幼承家学，17 岁承父业，光绪十五年（1889 年）入太医院，光绪二十六年（1900 年），八国联军侵占北京，全家逃到乡下，回来后财物被洗劫一空。赵文魁从此发愤苦读，先后给祖父在太医院的十几位同僚当徒弟，终成一代名医。

清宫太医院乃全国名医云集之所。赵文魁在太医院先后师从 20 余人，很受老师们的喜爱。每当御医、副院使、院使前往宫内请脉，文魁总是随同前往，代为录方登簿，十几年如一日。他博取众家之长，尤其精通内科杂症和温病，每临重症大病，多能妙手回春。

赵文魁的精医妙药，给皇亲国戚们留下了深刻印象，一时名噪京师。光绪、慈禧刚一归天，原太医院院使、院判（即正、副院长）因“失职”被黜，赵文魁则兼管御药房、御药库事务，被授予头品顶戴花翎。

1924 年，太医院解散。赵文魁悬壶京师，堂号“鹤伴吾庐”，患者盈门。1930 年，北京首届中医学社成立，赵文魁被推举为名誉社长。1934 年，北京地区痧疹（猩红热）猖獗，赵文魁日夜应诊于病人家中，不幸染疾殉职。赵绍琴评价其父：“先父幼承家训，少年时代即在祖父指导下诵读《内经》、《难经》、《伤寒论》、《金匮要略》等中医经典。先父以聪敏之资，复以勤奋之学，于经典之文，多通篇成诵。一生耽嗜读书，三更不辍，穷研医理，务求精通。尤为可贵的是，先父为人谦和，虚心好学，不耻下问，善于博采众长。”此种敬业处世的精神，遂成家风，影响着赵家又一代名医成长起来。

1930 年秋，光滢进入育英中学读书。父亲托其门人瞿文楼，在课余时间为光滢讲授《内经》、《难经》、《伤寒论》、《金匮要略》、《温病条辨》等中医经典。

1933 年秋，光滢在育英中学高中读了一年便肄业，又转到国医专科学校学习，至翌年 6 月毕业。

1934 年 6 月，由于赵文魁英年早逝，赵家一家人仅靠变卖家产生活，家计艰难。时值军阀混战，内忧外患，多事之秋，光滢无忧无虑的少年时代结束了。他开始继承父业，边学习边坐堂行医，贴补家用。

1934 年 6 月～1939 年 9 月，赵绍琴在御医瞿文楼处学习中医经典。为了在学业上更上一层楼，1939 年 3 月～1944 年 8 月，赵绍琴不但拜父亲当年的高足瞿文楼、韩一斋为师，亦拜京城“四大名医”之一的汪逢春为师，边行医边深造。在随师学习的日子里，赵绍琴每天微曦初露，便出门赶往西河沿汪逢春老师家，老师应诊，他侍诊写方。上午 9 点，他骑自行车回家独立开诊。

忙到下午 3 点，匆匆赶往石板房二条韩一斋老师家临床侍诊。待天黑后再匆匆赶回汪老师家，汇报一天的诊疾处方，求老师指导评点。夜阑人静，他又在一部部典籍册页中游弋检索，结合临床病案，对照古人的良方妙法……日复一日，年复一年，不断积累，及至而立之年，他已饮誉京华。

赵绍琴家学渊源，师承深厚，学业功底扎

实。直到古稀之年，赵绍琴的背功仍令人称奇。《黄帝内经》18 卷 81 篇，包括小注，他从头背到尾；李时珍的《脉学》序言、正文，甚至小注，也能记诵如流。正是父亲和老师当年的戒尺严责，令他受益终生。

1939 年 9 月，21 岁的赵绍琴以优异的成绩考取了北平卫生局行医执照，继承家传，正式开业行医。风华正茂、血气方刚的赵绍琴，从此开始了长达 60 年的行医生涯。

赵绍琴谨记父亲教诲："吾生也有涯，而学也无涯。"他不以能治病为满足，仍然潜心深造，边行医边先后随汪逢春先生和韩一斋先生学习中医临床。从以下的经历中可以看出赵绍琴脚踏实地的行医路程。

1942～1945 年，在救济医院任内科医师。

1947 年，在北池子小二条家中开业行医。

1950～1954 年间，在卫生部举办的第一期中医进修班系统学习现代医学知识，融中西医于一身，古为今用，洋为中用，以多维视角和新的思维方式，考量临床医学，师古而不泥古，借鉴而不盲从，在继承中大胆创新。

1952年，于中直第四医院门诊部任内科实习大夫。

1954年，为北京交道口北城工人医院内科医生，兼任东单药材公司中医门诊部医师、主任。

1955年中医研究院（现中国中医科学院）成立后，在第一期西医学习中医班兼职授课。

1957年1月～1958年7月，在东单药材公司、鹤年堂、永安堂坐堂行医。

1958～1966年，在北京中医学院附属东直门医院负责中医内科教学、医疗与科研工作。

赵绍琴身为一代名医，在长期临床实践中，感怀师恩，不忘教诲，且不讳言自己年轻时的失误。比如：“一次，治一妇人，妊娠三月，患痰喘咳，首方以苏子、莱菔子、杏仁、贝母、枇杷叶等宣肺化痰降逆之品。汪老看后批之曰：'苏子降逆力强，胎儿受伤，甚则引起堕坠；莱菔子味辛性烈，弱人尚不可用，况孕妇乎？'"
"又一次，一猩红热病人，我处方中用了薄荷。汪老批之曰：'温疹乃热郁于内，一涌即发，发则无以制止，方中何以还用薄荷？恐其不速耶？'"足见赵绍琴是一位能够正视错误、勇于"揭短"、治学严谨的仁德君子。

疗温病　创新论　仁心妙术

作为当代著名的温病大家，赵绍琴不仅擅长治疗各种疑难杂症、温热性疾病，而且对中医温病学说的发展有突出贡献。20 世纪 70 年代，他创立了北京中医学院（现北京中医药大学）温病教研室，主持工作近 20 年，在继承清代丰富的温病理论与治疗经验的基础上，经过临床 60 年的积累探索，对温病临床普遍存在的问题，提出了独到见解，敢于对清代著名温病大家叶天士的温病理论大胆质疑、纠谬、提出新说。

1982 年，赵绍琴编著的《温病纵横》由人民卫生出版社出版。该书分为上、中、下三篇，详论了自古以来温病学说的形成和发展。从

《黄帝内经》、《难经》对温病的认识，到《伤寒杂病论》对温病的阐述，晋代王熙（叔和），隋、唐时期孙思邈和王焘对温病的论述，金代刘完素、元代王履、明代汪机的“新感温病”说，吴有性的“戾气”说，及至清末，梳理下来，重点阐述了清代对温病学说的继承和发展。如叶天士的“卫气营血辨证”、杨璇的《伤寒温疫条辨》、吴瑭的“三焦辨证”，以及清代温病各家的学验与著述，并阐述了赵氏温病治疗的思想与治验选萃。

温病，是外感温热性疾病的总称，包括温热性外感病和湿热性外感病两大类型。二者在病因、病机、证候特征、治疗方法等方面都有所不同。即以卫气营血辨证作为温热病的辨证纲领，以三焦辨证作为湿热病的辨证纲领。以卫气营血辨证为“横”，论述温病传变层次；以三焦辨证为“纵”，论述湿热病的传变途径。全书内容提纲挈领，纵横明晰，引用文献丰富、精当翔实，理法方药赅备，附案多为赵绍琴的治验，很有参考价值，是当代人学习温病理论的重要文献。

学术争鸣，促进学术发展。在温病领域，有人提出寒温统一论，即把伤寒和温病用同一种辨证体系统一起来。对这一观点应者颇众。赵绍琴依据自己的实践体会指出：中医温病，是经过千百年的发展和实践检验而形成的独立学科，温病与伤寒虽然同属于外感病，但二者的病因、病机、辨证方法和治疗原则都截然不同，因而不能混为一谈。从学科发展的历史、现状和临床实际出发，温病学科应当独立发展而不是同伤寒融合。此论点在中医学术界产生了较大影响。

针对温病教材中屡屡沿用辛凉解表的治疗方法，赵绍琴认为这是一个原则性的错误，必须从理论上予以澄清。他发表了《“在卫汗之可也”并非应用汗法》等一系列论文，指出温病初起乃热郁肺卫，与伤寒之寒邪客表大异，绝不可应用解表之法，只宜辛凉清解。

赵绍琴一再强调，叶天士在他的《温热论治》中认为“在卫汗之可也，到气才可清气，入营犹可透热转气，入血就恐耗血动血，只须凉血散血”，一直被视为指导临床辨治温病的大法。但对于卫气营血不同阶段治法在理解上的偏差，往往导致临床上治疗的错误。温病和伤寒，在病机上最根本的区别在于温病是温邪犯肺，伤寒是寒邪客表；在治法上的区别在于伤寒宜发汗解表，温病不可发汗，只宜辛凉清解。温病初起，误用发汗解表，则斑黄狂衄，祸不旋踵，故温病不可发汗，不可言表。清代医家吴鞠通早就有“温病忌汗”的警示。那么，如何理解叶天士的“在卫汗之”呢？赵绍琴以为：“汗之”不是方法而是目的，温邪上受，首先犯肺。肺主气属卫，外合皮毛，故外来温邪，客之肺卫，可通过清解肺卫，由皮毛汗出而解。

因之，温病初起应以辛凉清解为基本治法。他认为："辛凉清解"的提法更确切，一再强调"汗之"并非"汗法"，对"卫、气、营、血"四个阶段的治疗原则提出质疑。叶天士《外感温热篇》中有四句话，由于没有详细地注解，所以人们理解为"温病在卫分的时候，可以用发汗的方法"。

对"入营犹可透热转气"，赵绍琴认为，温邪入营，多由误治造成。如病在卫分，用药宜轻清宣透，用辛凉清解之法，若误用辛温，则伤阴助热，致使邪热内陷，痰热蒙蔽心包、闭塞心窍。治之当清心开窍，即透热转气。若过用寒凉，则遏滞气机，使热无外达之路，必内迫入营。温病不论在卫在气，若误用、过用滋腻温补之药，都可闭塞气机，而使热邪入营。若舌苔厚腻者，不仅有湿阻，且有食滞，需加入消食化滞之品，宣畅气机，才能使热邪外达。

但谬传已久，约定俗成，很难校正。赵绍

琴便不停地论证，不断地以临床实践来反复验证，反复宣传自己的观点，终于得到了学术界的认同，被新版教材《温病学》采纳，以“辛凉清解”作为温病初期的主要治疗方法。

在温病讲座中赵绍琴讲道：“有的人瞧病，一看发热，就清凉解表，羚羊、犀角（现已代用）都是好药、贵重药。可是，温病就怕寒凉。有人用石膏，一用半斤，便宜啊。”他举了一例：“北京电影制片厂老导演陈先生，我们是十多年的老朋友。一次，他家属来请，过去一瞧，好么，重度昏迷！我赶紧开了个方子。吃了几服，返回来了，中度昏迷。过两天，他家里又请了另一位医生来会诊。我就不好说什么了。后来我要去贵阳，只好给老伴留了个方子，告诉她：如果陈先生家属来请，你就照这个方……”

“此去贵阳开会，还有贵阳医学院研究生答辩。两个会连在一起，往返 8 天过去了。回来听说陈先生死了！怎么死了呢？这人很壮实啊。他们也没来请……我天天在想，这个病我是能治好的嘛，就怕请了多家来瞧病，意见不一致，我当时是有想法的。后来遇见一位给陈先生看病的大夫，我就说，陈先生的病……他说：‘是我给他看的。’‘你怎么看的呢？’‘我天天给他吃3粒安宫牛黄丸……’嗬！我正找不到把人治死的原因，一天3粒安宫牛黄，就是牛黄给用坏了，不该死人啊……”

赵绍琴为一位老朋友的病被耽搁而痛心疾首，辗转反侧，难以成眠。他说：“临床上有许多久治不愈的病，都是错误治疗造成的。首先要弄清楚病到哪一步了，就给哪一步的药，千万不可过用寒凉。一定要切中病机，分清卫、气、营、血。否则热郁于内，用凉药，寒凝于内，病邪不能宣发，而压到里面去了，再厉害就是冰伏，伤了阴，就难治了。”

赵绍琴举例：有位80岁的老太太，很胖，

感冒发烧，恶寒咳嗽，受了温邪，又发烧发冷，比较重。第一个给她治病的是她的女儿——某医院中医主治大夫。一开始就给老太太用抗生素，青链霉素，打了针，省事。可热势不退，因为这个病在卫分，没有疏卫，就想清热，体温反而高了，38℃～39℃。后来她自己开了个方：银花、连翘、大青叶、板蓝根等，就是银翘散的重剂，都是一两二两的，有20味之多。之后，病人不但烧没退，而且大便稀水，接着又神志不清，昏迷。原因就是在卫分的时候，过度使用了凉药。病人同时周身浮肿，她的女儿对赵绍琴说："您看看怎么回事啊。"赵绍琴去看了看，认为：第一，80岁，老年；第二，身体很胖；第三，舌苔白、润、腻，可是舌质是红的，脉象比较沉，而细按呢，是弦数的。什么意思呢？沉则为里，沉则为湿，沉主气郁，这病是往里走的，没有在卫分，也不是表证，可是脉象弦、滑，还数。弦则为郁，数则为热，其实还是郁热。根据舌苔的白、腻、润，看出她的湿很重。而浮肿是因为发烧吃凉药，泄泻之后昏迷造成的。她女儿买了很多人参，要治妈妈的心力衰竭。她想着打两针地高辛就行了，还吃什么党参、人参强心呢。赵绍琴说，这个病，是过服寒凉，热遏于内。本来是个卫分证，过度地用凉药，把热给压着，挡着，往里头去了。肺气不宣，没有宣发出来，反过来往下压，用的凉药过多，肺失肃降，所以咳嗽。老太太不但咳嗽，而且喘。因为药太凉，肺气宣发不开，所以喘。用凉药，把老年人的阳气给遏住了，脾阳不升，湿邪又重，湿邪加上这凉药，寒湿下迫，所以三焦不畅；三焦上不去，脾的升清功能又差了，导致稀里哗啦泄泻如水。又因为阳气不通，气机不条达，皮肤就肿起来了。是湿郁，应当温散寒凝。为什么呢？老太太本来是温邪，是热，就是用药太凉了，形成寒凝，“寒则涩而不流”啊！

凡是凉，就要涩而不流。第一阶段是湿阻；第二阶段是凉遏；第三阶段是寒凝；再下去就冰伏了。湿成了冰了，怎么办呢？她女儿开了大量补药，要给老人补气。赵绍琴随后开了个方。第一味：荆芥炭，用来升阳。第二味：防风，风胜湿，宣散湿郁。第三味：葛根，葛根芩连汤。第四味：再加苏叶 10g，用以宣郁，把湿郁给散开。为什么用这么多升阳药？因为老年人气不足，脉滑、数，是热，用凉药不行，用补药也不行，这时候用升阳药、疏卫药、化湿药。第五味：黄连 10g，黄连守而不走，味苦入心，味苦能坚，也能止泻。又用了茯苓，茯苓和脾、止泻、化湿。30g 灶心土，就是伏龙肝，黄土烧焦了，用来止泻、补脾。为什么不用补药呢？因为她是热郁。吃了 1 剂后，“神明清，泄泻止”。第二剂吃完，身上潮润有汗了，肿也消了，咳喘止住了，泄泻没了，神志清了，全好了。这位主治医生跑来问是什么道理，赵绍琴告诉她："你母亲太胖了，湿郁很重，是湿病，最难治。湿就怕凉，凉了就成了寒，再凉就成了冰，就很难治。"当时这位主治医生讲："我们医院经常碰到这种病，一般都给大量药物强心，补正气，多一半都不行。"

赵绍琴善于运用叶天士"透热转气"法救治高热不退、昏迷等危重病证。他把透热转气法广泛地应用于温病卫、气、营、血各个阶段的治疗，以透邪外出为指导原则，取得了很好的疗效，发展了叶天士的温病辨治理论。如温病气分证，使用辛寒清气的治法达热外出。营分证的治疗：在清营养阴中适当加入具有开达、宣透作用的药物，以去其壅塞、排除障碍、宣畅气机，使邪有出路，则入营之邪即可外透，转出气分而解。如湿热入营，可用芳香化湿清热以开郁，疏通气机，使营热外达。如邪入心包，轻者用菖蒲、郁金清心豁痰，开窍通闭；连翘轻清透泄，宣畅气机。重者必用安宫牛黄丸、至宝丹之类以开其闭，使营热外透。对于瘀血阻滞气机而热邪入营者，则应于散血之品中加入琥珀、桃仁、丹皮等，活血散瘀通络，排除障碍，宣通气机，导热外达。他认为，以上宣畅气机的治法皆属透热转气范畴。即使温邪入了血分，仍应考虑透热转气之理。

赵绍琴仅用几毛钱的中药，就可以起死回生，解救沉疴大疾。人民在呼唤医德、医道，呼唤华佗重生、扁鹊再世，呼唤像赵绍琴这样的良医！赵绍琴一再告诫子女和学生："一定要让老百姓吃得起药，让穷人看得起病。"赵绍琴诊疾，从来不问贫富贵贱，一视同仁。他一再强调，既然当了医生，就要对患者负责，不是看完了病，开个方子就完事大吉。有时要守候在病人身边，根据病情变化，及时调整药物和剂量。有时一个药方吃一服，有时一天换两三次方子，一天可以服五六次药。这充分显示出一位医生对生命的珍爱和尊重！

治喉癌　克肾病　再创奇迹

历史如江河行地，人好似一粒细沙，往往被卷入其中而身不由己。

1973 年，赵绍琴带学生去唐山地区现场教学、实习，教学任务繁重。他白天讲课，晚上讲课，嗓子又干又痛，而且越来越重，最后失音。同仁、北大、协和等几家医院都诊断为喉癌，他辗转找到山东医学院喉癌专家孙洪权教授，诊断也是喉癌！且异口同声：只有手术，别无他途！

赵绍琴不答应。他回到家里，默默地给自己处方调药，治疗喉疾。以宣通气机而利三焦的药服了 3 个月，结果奇迹出现了，他的身体一天天好起来，重新回到讲台和门诊。20 年后，76 岁的赵绍琴，依然坚持每天早起锻炼，然后出诊或门诊，至晚则游弋在古籍堆里……这可不是一般的成就。赵绍琴不仅有了一份新的特殊医案，更有了一段刻骨铭心的感触，也为天下苍生摸索到了一条诊疗癌魔的路子。

自古就有“医不自治”之说。那是医生没有认清自己的病症，医术达不到某种高度。赵绍琴不是治好了自己的绝症吗？“始信安期术，得尽养生年”。

好消息似一缕春风，不胫而走，“赵绍琴治好了自己的喉癌！”从此，他成了人们心目中擅治疑难重症的神医，不仅癌症病人找他，一些危重疑难病患者也把他视为救星，千方百计辗转前来求医。在芸芸众生强烈的求生眼神中，面对尿毒症、白血病、癌症等绝症的肆虐，他深深感到医生的使命和责任之神圣和巨大。

1984 年，相声演员李文华揣着喉癌诊断证明来了，沮丧地说：“赵老，我不行了！每次化疗后，全身一点劲儿都没了……”赵绍琴边开导边给他开了药。过了 4 个月，在人们风传李文华的癌症凶讯的时候，他却奇迹般地出现在春节联欢晚会上，欢笑溢满了脸庞，热情洋溢地为全国观众表演了两段相声。

早在 20 世纪 60 年代初供职东直门医院内科期间，赵绍琴即开始对慢性肾炎、肝硬化、白血病、再生障碍性贫血等疑难杂症进行系统的观察研究，对肾病的创新观点尤有效验。他对中西医学关于慢性肾病的传统观点颇有异议，认为：慢性肾病并非单纯属虚，属虚者少，属实者多；慢性肾病尿蛋白升高者，饮食上要清淡，宜动不宜静；慢性肾功能损害、肾萎缩可以逆转。并确立了治疗慢性肾病的三大法则：以凉血化瘀、解郁、化湿为基本治则的中医辨证施治；以低蛋白、清淡饮食为主的饮食调控；以每天散步为主的运动锻炼。三法则用于临床，收效明显。

1989年7月10日，赵绍琴为一位周姓尿毒症病人处方。诊断：尿毒症尿素氮57mg/dl，前列腺术后，脉濡软且滑，仍用清化下焦湿热方法。处方为：荆芥6g（单包），防风6g，赤芍10g，大黄7克，生地榆10g，茅根10g，茜草10g，地丁草10g，丹参10g，茯苓10g。

赵绍琴一边详诊细参脉法、四诊、八纲，一边悉心记录点滴心得体会，一边查阅典籍古训，在众多医案的审查、比较分析中，发现尿毒症患者的治愈情况与饮食结构和运动有着密切的关系。尿毒症患者表现为萎靡不振，疲乏无力。一般认为，久病属虚，要补，且要静养，美食而少动，于是骤进温补滋腻之品，动辄参、附、芪、茸，唯补是求，致使尿素氮、肌酐急骤上升，血色素下降。又补又养，势必体重增加，肾脏负担加重，让本已负重驰驱的肾脏雪上加霜，不是促其速死吗？赵绍琴反其道而行之，要求患者以素食为主，多散步，多锻炼，忌食辛辣刺激之品。果然，奇迹出现了：在他的精心调治与患者的配合下，尿素氮在100mg/dl的尿毒症有效治愈率达到90%！

半个世纪以来，一例又一例被判了死刑的危重病人，在他的精心诊治下，枯木逢春，走向新生，重返工作岗位。

赵绍琴归纳出“肾炎、尿毒症患者饮食调养”应遵守的原则：

第一，一定要控制饮食，每天主食进食量不超过4两。

第二，每日早晚散步1～2小时。

第三，忌食植物蛋白，如豆类、豆制品、花生、芝麻、蘑菇、木耳、栗子、枣等，可食优质蛋白，如新鲜鸡蛋、牛奶等。

第四，忌食一切刺激之品，如葱、蒜、辣椒、茴香、韭菜、胡椒、香椿、大料、桂皮、咖喱、生姜等。

第五，宜食新鲜蔬菜，如白菜、芹菜、胡

萝卜、西红柿、黄瓜、洋白菜、莴笋、莲藕、冬瓜、茄子、白萝卜、土豆、白薯、山药、莲子、薏米、芋头等。

慢性肾病，包括慢性肾炎、肾病综合征、慢性肾功能不全、尿毒症等，迄今仍为医界头痛的难治之症。赵绍琴在长期临床中，摸索到了规律，从量的积累达到质的飞跃，提出了新的理论和方法：

其一，“慢性肾病非虚”——慢性肾病的基本病机多由外邪入侵久留，深入血分，郁久化热，导致络脉瘀阻，治宜凉血化瘀，辅以随证治之。

其二，“慢性肾病慎食高蛋白”——当患者出现大量蛋白尿时，不但不能由食物大量补给蛋白，反而应严格限制高蛋白食物的摄入，减轻肾脏负担，以利康复。

其三，倡导运动锻炼。通过适度锻炼增强体质，提高免疫力，促进康复。

其四，家族遗传论——赵绍琴临床发现，很多慢性肾病患者具有家族发病的特点，临床常见的有母女、母子或兄弟姐妹同时或先后发病，或家族中三代人都有患病的情况，故提出“病发于髓”的假说，认为毒伏于髓，与生俱来，适时而发。治疗应着重清髓解毒。

其五，慢性肾功能不全可以逆转——以凉血化瘀的基本治则，配合饮食调节、运动锻炼，可以明显改善肾衰患者的肾脏功能，保持长期稳定的疗效，且经济实惠。

为降低尿毒症患者血中的氮质，西医一般采用腹膜透析、血液透析，甚则肾移植术。赵绍琴认为，这些方法虽有效，但费用昂贵，而病无愈期，许多病人治到最后，人财两空，非良法也。他在中医辨治的同时，主张力争不透析，采用以上新理论，临床收效明显。

一位陈姓的花季少女，患肾炎两年，住院治了两年，钱没少花，可是病情越来越重，发展成了尿毒症。赵绍琴一反传统的补肾法，而以脉象为准则，根据舌苔、面色进行辨证，采用清化湿热、活血祛瘀治则，不断调整方剂，终于挽救了一个蓓蕾般的生命。

一位65岁的退休工人，尿素氮24mg/dl，肌酐17.4mg/dl，已到尿毒症晚期，且伴有冠心病、高血压，西医嘱咐家属准备后事。病人绝望之际，求赵绍琴医治。会诊时，患者面色苍白，周身浮肿，手足发凉……问诊中得悉，病中尽食膏粱厚味，赵绍琴赶紧施以祛风化湿、凉血活血之法，10剂药服下去，病情大转。半年后，该工人携家人外出旅游，创造了又一个奇迹！

赵绍琴对肾炎的治疗取得了质的突破。在长期临床观察中，他按照“宜动不宜静，宜吃素不宜进补，宜少食不宜多餐”的肾病治疗方针，迥异于传统的治疗思路，使很多原本医治无效的肾炎患者恢复了健康。

尿毒症是慢性肾病最严重的阶段，由于肾功能减退，代谢产物潴留，水、电解质及酸碱平衡失调，致使患者病危，濒临死亡。赵绍琴提出慢性肾病应从血分论治、非单纯肾虚、忌食高蛋白、宜运动锻炼、慢性肾功能衰竭可以逆转等一系列新观点。

慢性肾炎是临床常见病，包括慢性肾盂肾炎、慢性肾小球肾炎、肾病综合征、紫癜肾、狼疮肾以及慢性肾功能不全等。这类疾病的共同特点是病程较长，容易复发，难以根治，甚至缠绵几十年，反复发作，最终造成肾功能损害、衰竭，形成尿毒症。中医认为：肾为先天之本，主藏精、生殖和发育；肾生髓主骨通脑。而西医认为，肾脏是人体的一个泌尿器官。二者相去甚远。

赵绍琴说："攻克肾病、慢性肾病和尿毒症，都属非常艰难的课题。但我认为，中医完全可能解决这个问题。确切地讲，首先，要在辨证论治上下工夫，重视脉、舌、色、证四诊。企图用一个妙方包治百病是不可能的。目前，一些无条件做透析的慢性肾炎、肾病或尿毒症患者，到我们这里来就医，如能坚持治疗二至三个月，病情都会有明显的好转，且所需费用远远低于透析。”一般认为，慢性肾炎、尿毒症是虚证，喜用温补益气、滋阴填下之药，其结果出现肌酐、尿素氮上升，病情恶化。原因是肾功能早已衰竭，无力把氮质排出体外，温补剂徒增其郁热，加重肾脏负担。观患者之脉象，多实而数，说明热郁血分，且心肝郁热。若投予宣肺疏卫、凉血泻热之剂，取效甚捷。凉血常用赤芍、茜草、生地榆、白头翁、益母草等。同时可用散风药，如荆芥、防风、独活类。此外，活血化瘀能折其郁热，改善肾功能，肌酐、尿素氮下降很快。其次，饮食的控制极为重要。患者在治疗期间，要以素食为主，低蛋白、低脂肪，忌食辛辣刺激食物。再次，要加强活动，不能单纯卧床。体弱者的活动量应逐渐加大，可从散步开始。

20 世纪 70 年代以来，赵绍琴致力于疑难病症如高脂血症、冠心病、心肌炎等病的临床研究，脉诊遣药独有心得，常令病人转危为安。

有位沈姓大汉，51 岁，形体丰伟，体重 90 多公斤，体检时发现血脂极高，服西药降脂未效，于 1990 年前来就诊。观其面色潮红，油光发亮，舌红苔黄垢厚，脉象弦滑且数，按之有力。验血甘油三酯高达 18.86mmol/L。赵绍琴诊为痰湿瘀阻，久之恐有中风之虞，治以涤痰活血化瘀之法，用三子养亲汤加味：苏子 10g，莱菔子 10g，白芥子 6g，冬瓜子 10g，皂角子 6g，赤芍 10g，丹参 10g，茜草 10g，水煎服，每日 1 剂。半月后复查，甘油三酯降为 7.56mmol/L。嘱其坚持控制饮食，加强锻炼，以善其后。

高脂血症，古无此名，故中药治疗无成法

可依。赵绍琴据病人形体肥胖、舌滑苔腻，断为痰湿瘀阻，借用治疗痰喘的三子养亲汤，加冬瓜子、皂角子，名曰五子涤痰汤，以涤痰消腻。临床应用可随证加减，或配赤芍、丹参、茜草以活血化瘀，或配柴胡、黄芩、川楝子以泻肝热，或配焦三仙、水红花子、大黄以疏调三焦，对于高脂血症、单纯性肥胖等均有较好疗效。

脉诊法　察幽微　承古创新

中医认为，从人体的阴阳五行到五脏六腑、经络运行，是一个天、地、人共存的宏大统一体。中医诊疾，从宏观到微观，如《素问·三部九候论》所载："故人有三部，部有三候，以决死生，以处百病，以调虚实，而除邪疾。""上部天，两额之动脉；上部地，两颊之动脉；上部人，耳前之动脉。中部天，手太阴也；中部地，手阳明也；中部人，手少阴也。下部天，足厥阴也；下部地，足少阴也；下部人，足太阴也。故下部之天以候肝，地以候肾，人以候脾胃之气。""（中部）天以候肺，地以候胸中之气，人以候心。""天以候头角之气，地以候口齿之气，人以候耳目之气。"说明人体有九处动脉都可以诊断疾病，现代临床最常用的“寸口”，仅是其中之一。

医圣张仲景所著《伤寒论》与《金匮要略》流传久远。《伤寒论》16卷，首列《辨脉法》、《平脉法》，总论诊脉之法则，对各类病脉之形象、形成机理和主病论述，见解精辟。如《辨脉法》之“脉瞥瞥如羹上肥者，阳气微也；脉萦萦如蜘蛛丝者，阳气衰也”；“脉来缓，时一止，复来者，名曰结；脉来数，时一止，复来者，名曰促”；“阴阳偏盛者为结、为促，阴阳相抟者为动，阴阳气和者为缓，学者不可不知也”。

两千多年前中医祖先神奇的脉诊理论，深深烙印在赵绍琴的心底。能以评脉决人命之死生，何其玄妙之至也！他在前人的导引下，游弋于中医学的浩瀚海洋，朝朝暮暮，三更灯火五更鸡，吸纳，历练。面对浩如烟海的历代医家经典、奇术，他兴奋之至，往往忘了时间，忘了吃饭。他沿着前人的足迹，细品八纲、六经，分辨卫、气、营、血及三焦。微妙的脉形要分辨出真实的病机、病位及脏腑经络的虚、实、寒、热、表、里、气、血，确非精微的高新科技所能及！

赵绍琴的后人在整理他的脉学遗稿时，发现赵绍琴从先秦到魏晋以降，一支脉溪，从远古流到如今，梳理得极其清晰。

明代李时珍《濒湖脉学》，总结了前人理论，并结合实践有所发挥，能够指导临床，被公认是三百多年来论述切脉的一部经典。李时珍在原序中批判了《脉诀》的错误，指出："宋有俗子，杜撰脉诀，鄙陋纰谬，医学习诵以为权舆，逮臻颂白，脉理竟昧，戴同父常勘其误。"又说："先考月池翁著《四诊发明》八卷，皆精诣奥室，浅学未能窥造，珍因撮粹撷华，僭撰此书。"李时珍结合多年临床实践，以诗歌体撰写出《主病诗》、《相类诗》等，文字清秀，整齐押韵，便于记忆，为学者所喜爱。

时代在进步，中医学在不断发展创新。赵绍琴注疏《文魁脉学》时提出："虽然《濒湖脉学》言简意赅，提纲挈领，朗朗上口，记忆容易，应用方便，给后世学习脉学者提供了方便，但其内容尚有不足。所论二十七部脉里究竟如何分类？差别多少？如何运用于八纲辨证、脏腑辨证、六经辨证、卫气营血辨证及三焦辨证？如何区别主脉与兼脉？主脉兼脉之间，又当如何有机地联系？如何分出功能与实质的关系？何者为标？何者为本？标本取舍又当如何而定？""诊断疾病的重要论据，是脉、舌、色、证。先父常说：'离开了脉、舌、色、证，则不足以言诊断。'所以我们必须深入研究脉、舌、色、证的客观数据。这是中医学的精髓。"

当代著名中医文献学家余瀛鳌在荐读《文魁脉学》时指出：过去一般认为，脉学始于战国时扁鹊，但《素问·移精变气论》中就有脉学的论述，提示脉学之由来甚久。《内经》、《难经》、淳于意治例及张仲景著述等，均不乏脉学专篇或有关论述；西晋太医令王叔和所著《脉经》，为中国现存第一部脉学专著。中医诊病以四诊为法，其中切脉具有诊法之象征和重要实践价值，往往被认为是厘定一位医生诊疗水平高低之标尺。关于切脉之指法要点，明清以降，多遵元代滑寿《诊家枢要》所述“举”、“按”、“寻”三法，该书载曰：“持脉之要有三，曰举曰按曰寻。轻手循之曰举，重手取之曰按，不轻不重，委曲求之曰寻。”“举”相当于浮取，“按”相当于沉取，介于浮取、沉取之间则为中取法，亦即寻法。文魁公长期在宫廷施诊，特别是为皇妃等诊病时，不能察舌，光凭主诉和切脉论病，故在脉诊方面尤为精审、详辨。根据文魁公的临证经验：“诊脉定位，应以浮、中、按、沉四部来分……浮以定表分，中以定偏里，按是属里，沉则为极里（深层）。或曰浮脉主表，沉脉主里，中与按皆主半表半里……”

赵绍琴多年的体会是：“浮、中两部反映功能方面的疾患，下面按、沉两部，才反映实质性的病变……浮、中为标，按、沉主本。若二部之脉象不同，则必合参舌、色、证以辨其真假、主次、缓急，以定其何者宜先治，何者当后疗，何时需兼顾，何时可独行……”体现了他的善学与精思。这对当前一些忽视脉诊的医生，不啻起到当头棒喝的作用，同时也反映了赵氏父子在继承前贤脉学精微的基础上，有所创新和发展。

赵绍琴论脉为 27 种，分隶于“脉诊八纲”之中。所谓“脉诊八纲”，即表、里、寒、热、虚、实、气、血，为审脉之要。赵文魁将诸脉概括于八纲：表脉（浮），里脉（沉、牢），寒脉（迟、缓、结、紧），热脉（数、动、疾、促），虚脉（虚、弱、微、散、革、代、短），实脉（实、长、滑），气脉（洪、濡），血脉

(细、弦、涩、芤)。

“脉诊八纲”中之“气”与“血”，尤为赵绍琴脉学分类之鲜明特色。因为气血之变化必然影响诸脉，其中又以洪、濡、细、弦、涩、芤更为明显，故《中藏经》尝谓：“脉者，气血之先也。”由此可见《文魁脉学》迥异于沿袭旧说、抄撮成篇之作，为学术、临证直抒胸臆之精品，其参阅、指导价值不言而喻。

余瀛鳌评论道：《文魁脉学》是半个世纪以来出版的脉学著作中，以撰述个人脉学理论和经验、突出脉学临证的一部力作。特别是由现代名医赵绍琴教授融会个人学验，出色地予以编注，给医界提供了一部理论联系实际，有较高学术、临床价值的脉学精品。后来者在学习、借鉴中，可以受到启发，了解中医脉学的菁华内涵，进一步发掘整理国粹，振兴轩岐。

赵绍琴在1980年讲诊脉时说：诊脉不是只诊出一个脉，从一个脉就定病。诊脉必须诊出脉的病位、虚实、寒热、表里、气血，再辨明病证是有余还是不足，先治何病，后调何疾，这全在脉中诊出。譬如表有病不论风寒风热，脉的部位一定在浮位。温病的卫分证也在表，所以脉也在浮位。又如浮紧风寒、脉缓风虚、浮迟中风、浮数风热等。凭一个浮脉不能断定是什么病，必须再诊出八纲脉来断其表里、寒热、虚实与气血，如浮滑是风痰、浮弦是风邪夹郁、浮数是风热等。但是，要想诊断一个完整的疾病，还必须再诊出第三个脉来，如浮滑数是风痰热，浮紧弦是风寒而体痛。这样还不够，要想进一步看清病人的疾病，弄清病人的体质与疾病的转机，就要再找出第四个脉来，如浮滑数而按之弦细，这就清楚多了。弦则肝郁，细为血虚，脉象告诉你，该人素来血虚肝郁，目前是风火痰热。你在开方治风火痰热时，要照顾到血虚肝郁方面。也就是说，在治风火痰热时不可以过凉，也不可以过于祛风。因为病人体质是血虚肝郁，不能多散风、多清热而忘了病人的血虚之体。

诊脉是不是都必须诊出五个脉才算诊断清楚？不然。就是诊出五个脉来，也只能是比较清楚，一定还要望舌、观色、看形体、问病情及治疗经过，才能初步诊出病机，决定治疗方案，再通过试验治疗，才能进一步决定确诊与否。不然是不科学的，也不可能将病治好。

“诊脉完全依赖医生指端感觉的灵敏度。要掌握切脉的技术，必须在有经验的老师指导下，经常作切脉的锻炼，以保‘准’字。”要达到指下清楚，判断准确，确实要下一定工夫。诊脉必须五十动以上，才能诊出有病之脉。张仲景说：“动数发息，不满五十，短期未知决诊，九候曾无仿佛。”说明了诊脉需有五十动的时间，才能辨出几种脉形，辨出主脉兼脉。在诊清病情的基础上才能立法、处方，这是每一个临床医生必须遵守的。

赵绍琴每叹诸师诊脉之精湛，迄今潜心研讨50年，悟得诊脉必分浮、中、按、沉四部，浮、中为标，按、沉主本；若二部之脉不同，则必参舌、色、证，以辨其真假、主次、缓急，以定其何者宜先治，何者当后医，何者须兼顾，何者可独行。脉象一明，治则随之，有如成竹在胸，定可稳操胜券。

诊脉不能简单、机械，必须分清浮、中、按、沉四部。上面的浮、中两部反映功能方面的疾患，下面的按、沉两部才反映实质的病变。正像舌苔与舌质的关系一样。舌苔变化多端，归根结底是反映功能方面的问题；舌质的变化虽少，但万变不离其宗，都说明本质的情况。功能方面的病变，是指在表位、浅层、卫分、气分阶段，如气郁不舒、木土不和、肝郁气滞、停痰、停饮、胃肠消化欠佳等所导致的疾病，用疏调解郁即可改善。所谓本质性病变，是指本质阳虚、命门火衰或阴虚阳亢等，或病在营分、血分以及陈痰久郁阻于络脉、癥瘕积聚、肿瘤等一类疾病。另外，久病邪深入于肝肾，下元久虚，慢性消耗性疾病，需要用滋补、培元等方法者，皆可以认为是本质性疾病。

1983年深秋的一天下午，香港《镜报》记者来到赵绍琴的书房。记者问道："这么多年，您看病最深切的体会是什么呢？"

赵绍琴答曰："多年来我从临床实践中，对切脉体会最深。我父亲在脉学上是很有研究的，当时他每切完脉便让我切。他说：'这个脉有五个，你切切看。'往往我连三个都切不出来。因为要凭三个指头极为细微的感觉，去断出疾病，没有丰富的临床经验，这些细微的感觉是体会不出来的。那时自己才20岁，光靠背诵《脉学》来体会病人的脉。后经几位高师指教和自己摸索，到40年代，我对脉才有了认识。50年代，我的业务提高很快，对脉的体会才逐步深入进去。那时一天能看100多号病人了。60

年代，我 40 多岁，对每个病人都能切出四五个脉，甚至还多。究竟那脉是虚浮实热、表里气血，还是新病旧病……都能通过切脉弄清楚了。到了最近几年，60 岁以后，对脉的认识和领会又有了升华，以至不切脉不敢辨证，不敢开方。”

记者又问：“您从 20 岁学起，到 40 多岁切脉才入门，这么一个漫长过程，一般人怎能学会呢？”

赵绍琴说：“不错，脉学是难。那脉的感觉，是像头发丝那么细，还是线那么细呀？或是绳子似的？涩不涩？从脉上觉出病来，绝非一说就会的。一个医生要经过这么多年，实在够麻烦的。所以我有个想法，很希望能为后人辟条捷径。第一是先写了《文魁脉学》，根据我父亲的经验、认识和自己多年来的体会，毫无保留地全写出来。第二是想做一个电子脉象仪，用精密的电子仪器，要做得比‘心电图’还要精确。通过‘脉象仪’，能清晰地显示出哪个是细、弱、微、散等脉，然后再判断出病人到底是什么病。这样就可以为后来的中医辟条捷径，把用手来切脉只作为个人的练习就可以了。”

20 世纪 80 年代初期，受国家科委之托，赵绍琴参与全国协作科研项目——实用脉象仪的研制工作，在项目组中担任中医顾问，为京、津、沪三地的电子仪器、流体力学、传感技术等方面的专家，讲授中医脉学的特点和机理，为中医脉诊的现代化出谋划策。

关于舌诊，赵绍琴认为，舌苔多反映功能，即卫、气方面的病变；舌质反映实质，即营、血方面的病变。他在临床中发现，一些心烦急躁内有郁热的病人，舌面淡而苔白质红，而脉必见弦细急数。如果粗心，一见舌淡苔白，即认为是虚证，便用温补，反使病情加重。因为有些素体阴分不足的人，舌瘦小，苔布于舌面，红色的舌质被白苔掩盖，这时切勿为表象所迷惑。如果让病人将舌翘起，则可见舌背面深红或者绛红，是体内有热的指征。在通常情况下，脉、证、舌应该是统一的，应参照施治。

小药方　起沉疴　清灵平正

一个患脑炎的高中三年级男生，被送进北京中医医院。孩子经一所大医院腰椎穿刺检查，诊断为病毒性脑炎，被判“死刑”，来院时高烧41℃，“舌卷囊缩”，重度昏迷，中医谓之“死症”，一滴水也进不去了。家长和大夫们恳求正在住院的赵绍琴夫人吴静芳大夫，转请赵绍琴出山。开始，吴老顾虑重重，可是为了孩子，还是坐车回家接来了赵绍琴。赵绍琴晚八点看完病，开出急煎方，只四五味药。煎好的药汤经过鼻饲，缓缓流入病孩体内。孩子半夜里开始排泄，大便又黏又臭；翌日一早，烧退到37.6℃；第三天完全清醒，不到10天出院了。后来，这孩子考上了大学。此事在北京中医医院到处传扬，大家都说："赵绍琴又放了颗卫星！"

白血病是一种恶性血液顽疾，俗称血癌，以骨髓中白细胞系列异常增生为特征，周围血液中的白细胞也发生了变异。症状是出血、贫血及继发感染。早先对此病的认识，多因贫血虚弱而辨为虚证，常以补虚治疗，却无效果。崔某，16岁男孩儿，风华正茂的少年，患慢性白血病3年，经化疗虽有好转，却经常反复，服中药温补则病情加重，被病魔折磨得奄奄一息。1992年4月，他从外地来京找到赵绍琴。当时，其周围血中幼稚细胞已有半年之久未曾消失，经常性地鼻出血、牙龈出血，咽干口苦，急躁心烦，夜寐梦多，小便赤短，舌红、苔黄根厚，脉象弦滑细数，按之有力，一派火热之象。赵绍琴以凉血解毒之法，处方：蝉衣、青黛（冲）、片姜黄各6g，大黄2g，生地榆、赤芍、丹参、茜草、小蓟、半枝莲、白花蛇舌草各10g。连服7剂，衄血渐止。再服7剂，血中幼稚细胞明显减少。依此法加减治疗半年，诸症消失，病情稳定，无反复。孩子逐渐恢复了天真活泼的天性，一家人欢天喜地，带着神医妙方返回故里。赵绍琴认为，本病或为遗传、中毒或毒邪深入，其病根深蒂固，由来已久，在于骨髓热毒，由骨髓延及血分，所以临床表现为血分热毒之象，反复出血，是血热妄行，绝非气不摄血。故而治疗中，大忌温补，只有凉血解毒，可用升降散清补升降药组方，疏调气机加凉血解毒之品。

赵绍琴认为，血小板减少性紫癜、再生障碍性贫血和白血病，为造血系统三大顽症，极难治愈。出血、贫血和一般的虚弱症状，是其共同的临床表现。因此，常以表象被辨为血虚证，而以补法治疗，往往南辕北辙。中医临床强调审证求因，治疗求本，不可见症治症。因为任何一个症状的出现，其病机都存在虚实两方面的可能，必须透过表象，抓住病机本质，谨守《内经》“有者求之，无者求之，虚者责之，盛者责之”的辨证原则和治病求本的治疗原则。

上述三大顽症，固然有明显的血虚表现，但导致血虚的原因是什么呢？必须详加辨析。据其表现与脉证合参，辨其病机为血分郁热，热伤其血，新血不生而现血虚之象；热与血结，瘀阻脉络，而致反复出血。其病本于血分郁热，热之不去，出血难止，血虚难复，故而定其基本治则为凉血化瘀。可是要问：“既然以凉血解毒为治，为什么要采用升降散加减呢？”这是取其疏调气机为胜。血之与气，如影随形，气为血帅，血为气母，气行依血，血行随气。故欲宣散血分之郁热，必先疏调气机之郁滞。上述三者固为血分之病，然而，都是气机失畅，肝胆郁滞，所以烦躁易怒，夜寐梦多，脉来弦数，诸证非常明显。所以选择升降散疏调气机为先，随证加入凉血化瘀、疏利三焦、清热解毒之品，切中病机，速有效验。《内经》所谓“必先五脏，疏其血气，而令条达”是也。

临证如临阵，用药如用兵。能够达到如此境界，正是：“苦心人天不负，有志者事竟成。”赵绍琴认为，中医的主攻方向应该是疑难病。有些方面可借他山之石，但必须在继承的基础上有所发展。

一位周姓男子，40岁，1985年5月20日，初诊胃癌，并施行胃全切术。后因肝区疼痛来京检查，诊断为转移性肝癌，即所谓的癌症晚期——“癌细胞扩散”。赵绍琴初诊为：肝热阴伤，气机阻滞，络脉失和，情志不遂，肝郁日久，化火伤阴所致。先疏调气机以解肝郁：旋覆花10g，片姜黄6g，蝉衣6g，僵蚕10g，香附10g，木香6g，丹参10g，焦三仙各10g。服20剂后，于6月10日再诊，患者肋下渐舒，疼痛大为减轻，气机渐调，郁热未清。继用疏调气机法，上方加减。7 月 25 日及至八诊，B 超见肝内肿物 1.3cm×1.2cm，明显缩小。诊脉弦细滑数，夜寐梦多，仍属郁热未清，热在阴分，继用凉血化瘀、益气活络：生黄芪 20g，沙参 10g，麦门冬 10g，五味子 10g，半枝莲 10g，赤芍 10g，茜草 10g，蝉衣 6g，焦三仙各 10g，水红花子 10g，片姜黄 6g，僵蚕 10g。服完 30 剂，浑身清爽，癌肿全消！患者携上方回山东老家，续服 3 个月，一切症状消失，身体日渐强壮。

此例为胃癌手术后转移肝癌，恶性程度很高。赵绍琴用中医药辨证论治，取得了奇效。

张广厚，国际数学界灿然升起的一颗新星。他与杨乐合作写出的专著《整函数与亚纯函数理论》，轰动了世界数学界。“亏值、渐近值和奇异方向”，被誉为“杨、张定理”而载入史册。但当时张广厚肝硬化已经 4 年多了，住在中日友好医院。为了全力抢救“国宝”，1986

年，经中科院院长方毅特批，赵绍琴为病势沉重的数学家张广厚治病。有关部门还为张广厚弄到不少血清白蛋白等高级营养药，可是，赵绍琴经过检查，认为此类高级营养药不能用。主治医生问：“这么好的药为什么不让用？”赵绍琴形象地比喻道：“四两黄金打把钥匙，连锁眼都捅不进去。可一块小铁皮剪合适了，锁一碰就开。这就是中医辨证的道理。”

几副清灵的妙药服下，数学家的脸色渐渐红润起来，吃饭、起居正常了，几经调理，病情好转，告别病榻出院了。赵绍琴肩负着祖国和人民的重托，竭力拯救了数学家的生命。

一位患者的伤口3个月不愈合，用过赵绍琴开的一个方子，一星期内长出了新肉。一位留美学生，产后尿不出尿，由美国正宗的西医治疗，花了1万多美金，无济于事，越洋电话半夜三更打到赵绍琴家里。赵绍琴让她去华人医院的药堂，买一味药泡水喝，第二天便痊愈了。美国医生瞠目结舌！

1980 年腊月的一天，一位 80 岁的老人，被救护车送进北京友谊医院急诊室。老人昏迷不醒，心率 150 次/分钟，伴有停跳；血压忽而升至 200mmHg，忽而又降到 0mmHg。他就是著名国画家、原中国画院院长王雪涛。为抢救这位“国宝”，医院成立了高等级的医疗小组。会诊后，确诊为陈旧性肺炎，并制订出治疗方案。

半个月过去了，由于大量使用抗生素，画家的痰里出现了霉菌。腊月三十，抢救小组通知家属可请中医治疗，并说明王老的病与前南斯拉夫总统铁托患的病一样，危在旦夕。大年初一，赵绍琴被接进医院，来到病榻前。画家十分消瘦，重度昏迷，脉搏不清，舌皮脱落，瞳孔已开始散大。“开个方子试试吧。透热补气，海底捞月，也许会见点效。”王老吃了 3 服药，初四早晨，竟神奇地醒过来了，烧已退，心率和血压基本恢复正常。王老的侄儿来接赵绍琴，笑言道："赵老，您真神了，我姑父能说话了！"

赵绍琴走进病房，王雪涛笑眯眯地朝他招手，嘴里直说："大医士！大医士！"赵绍琴开方继续调治，半年后王雪涛出院了。老画家感激之情难抑，提笔挥毫，画了一幅喜鹊登梅图赠予赵绍琴。

早年，卫生部中医司司长吕炳奎介绍一病人，汗出不止，一般医生开100多元的贵重药物补虚无效。赵绍琴开了几毛钱的药，3剂，又3剂服下，好了！

赵绍琴的弟子杨连柱的岳母，当年70多岁，患老年性肺炎，高烧40℃，数天不退，神昏谵语。中医学院的医生看遍了，实在没法子，杨连柱只好向老师求救。赵绍琴在电话上说了几味药，只花几毛钱，用上，当天下午体温降至38℃，老岳母清醒了！

小药方，花不了多少钱，却能治顽疴大疾，起死回生，这就是大家风范，是常人不可企及的仁心妙术。有人感佩地说：赵绍琴总是用一两毛钱的药。的确，赵绍琴常常对子女和学生说："要让穷人看得起病，吃得起药。"他的特点就是用药少。已故著名中医学家秦伯未先生盛赞其为"平正清灵一名医"。老百姓说赵绍琴是"华扁再世"，敲锣打鼓送来了大匾！

效药王　勤锻炼　祛病延年

未忘平生名门后，常举沉疴轻清中。赵绍琴在临床上用小药方起沉疴，有“华扁再世”之誉。他行医 60 余载，在临床实践和教学中，不断验证探索，在学术上自成体系，是著名的温病大家，尤以辨证准确、用药精当、疗效显著闻名于世。

随着经验的积累，赵绍琴对中医学的博大精深感触更深。中医大夫首先要能辨证，辨证能表明是什么不平衡引起的疾病。而后必须知道怎样使人体各器官恢复平衡。中医治病，讲究综合治理，下药君臣相济，其间的奥妙繁复，一个人一生能参透其中一二已属难得。

赵绍琴 77 岁时，轮流在京城五六家医院出门诊，每天上午看50多个病人，非常辛苦。但是，却使那些红斑狼疮、尿毒症患者得以保全性命，肾炎患者的蛋白加号从四个降为零，急症或垂危病人获得了新生，这是救人一命啊，还有什么比这更重要的吗？虽然辛苦，他却乐在其中。繁重的任务，需要健康的体魄。

赵绍琴年逾古稀，乌发童颜，反应敏捷，谈吐风趣诙谐，看起来比实际年龄年轻很多。有一次在日本讲学期间，朋友们陪他爬阿苏火山，他年纪最大，朋友们要搀扶他上山。他对翻译说："希望来一个爬山比赛，让他们亲眼看看中国的武功。"爬山开始了，赵绍琴把大伙儿甩下200多米远，同行者无不钦佩。

赵绍琴每天起得很早，4点多出门，从自家住的11层楼走下来，坐头班车进北海前门，沿着碧波荡漾的海子转一圈儿，与朋友们会合，一起练八卦掌；再和太极名家、吴式太极拳研究会首席会长刘晚仓先生一起练习太极推手，直到司机来接，回家吃了早点去上班。周末去爬香山，登鬼见愁。几十年如此，从不间断。

他不喝酒，不抽烟，唯有一杯清茶伴随晨昏。赵绍琴从小练太极拳、推手、八卦掌，是武术协会会员。太极拳师从杨氏太极继承人刘老先生。八卦掌是他的最爱，几十年苦练不辍，以致后背右边练起了一大块肌肉突起，足见其功夫之深。朋友们羡称“此翁不老精气神儿”。赵绍琴说：我的养生之道有三点：生命在于运动；走为百练之先；调节饮食，防病延年。

他在《我的养生秘诀》中写道：我从小到大就喜欢锻炼。十几岁开始练拳，如少林拳，后来又练太极拳。现在 79 岁，练了 60 多年，成了习惯。

20 世纪 60 年代初，由于劳累过度，在一次查房时，赵绍琴突然心绞痛发作。经协和医院检查，诊断为“心后壁大面积梗死”，血压 220/100mmHg，医生令他停止一切活动，绝对卧床休息。赵绍琴没听，而是以走路锻炼为主，吃药为辅，每天早晨到北海攀登白塔的台阶，坚持3个月后，再检查，梗死完全消失。

1973年患喉癌，他又用老办法，以走路为主，吃药为辅，坚持了3个月，症状便奇迹般消失了。

“走路”每个人都会，每天都离不开。可许多人不知道走路的深刻意义。从医学角度看，行走锻炼，无病可以防病，有病可以促进病愈，对人体的各个系统各器官的生理功能都有促进作用。

晨起走路1小时，精神焕发一整天，晚上行走1小时，可以安然入睡一整夜。调节饮食在中医养生中占有重要位置。从目前的生活水平看，人们并非营养跟不上，而是营养过剩。人的基本营养物质是蛋白质、脂肪和糖，但它们的代谢产物却对人体极为不利。

适当节制饮食，不但可以减轻各脏器、各

系统的负担，同时还能起到延缓衰老过程、防病延年的作用。赵绍琴说：我一般早晨吃1两，中午2两，晚上1两，一天最多不超过5两。还要锻炼、工作、讲课，门诊每天看病30～60人，有时80～100人，仍保持精力充沛，不觉疲倦。多食清淡，少吃厚腻。清淡饮食对人体有好处。特别是老年人和体质弱的人，因为他们消化功能较弱。要忌辛辣。辛辣刺激之物如韭菜、茴香、辣椒等，易化火伤津，故应少食或忌食（摘自《健康指南》1995年第三期）。

赵绍琴患喉癌，自己治愈后，得享83岁高寿，而且生命质量高，生活质量好，晚年还为患者诊病不辍，正是得益于运动锻炼、清淡饮食和开朗活泼的天性。所以说，心胸开阔，是养生的前提之一。

追究起来，赵绍琴的健身养生法，是承袭了药王孙思邈的预防医学思想。

赵绍琴在《中医杂志》工作期间，曾与医

史研究室李经纬等讨论过孙思邈的养生之道。中国著名医史学家李经纬先生在论述唐代中医学的贡献时说：“孙思邈是这一时期对我国医药学的发展，作出了重大贡献的杰出代表之一。”孙思邈云：“君子不治已病治未病。”高寿101岁的孙思邈，养生经验堪为后世楷模。他一生淡泊为怀，从隋文帝到唐太宗，数次辞官，拒不入朝，苦心孤诣，终生在乡野民间，为百姓疗病医疾。他的《备急千金要方》和《千金翼方》，集唐以前医方之大成，成为不朽的巨著，6500多个医方，给我们留下了极为珍贵的医学遗产，与日月同辉。

孙思邈的养生长寿学说，是把从老庄学说中经吐故纳新而发展下来的“静功”，与古代熊经鸟引而经华佗加以发展的“流水不腐，户枢不蠹”的“动功”结合起来，并辅之以食治、食疗、讲求卫生等，使我国养生长寿的学说有了长足进步。他力求将养生法大众化，设法使古代的养生法“易则易知，简则易从”。他对古人企图长生不死和成仙的目的表示怀疑，而对养性长寿则有很大信心。

孙思邈说：“虽常服饵，而不知养性之术，亦难以长生也。养性之道，常欲小劳，但莫大疲及强所不能堪耳。且流水不腐，户枢不蠹，以其运动故也。”又曰：“每日必须调气补泄，按摩导引为佳。勿以康健便为常然，常须安不忘危，预防诸病也。”

赵绍琴认为，自古以来，人类都在与疾病的斗争中繁衍生息，积累了丰富的养生经验。古代文献称养生为“摄生”、“道生”，其含义就是注意卫生，保证健康。《素问·上古天真论》曰：“上古之人，其知道者，法于阴阳，和于术数，食饮有节，起居有常，不妄作劳，故能形与神具，而尽终其天年，度百岁乃去。今时之人，不然也，以酒为浆，以妄为常，醉以入房，以欲竭其精，以耗散其真，不知持满，不时御神，务快其心，逆于生乐，起居无节，故半百而衰也。”

赵绍琴认为，摄生一般应包括精神保养、与四时气候变化相适应、饮食起居的调节、注意锻炼等。精神保养，概指神情愉悦、乐观，避免喜、怒、忧、思、悲、恐、惊等外界刺激，以保持真气和顺，精神饱满。乐观能使人精神焕发，叶剑英元帅“满目青山夕照明”的佳句，表达的正是这种乐观心境与饱满精神。

赵绍琴还十分注意饮食调养，认为老年人脏腑功能衰退，消化能力减弱，容易有肠燥便秘等不适。体阴不足，阳热内亢，常会便秘、失眠、早醒、头痛等。所以饮食应清淡，勿肥甘厚味，特别是高血压病、慢性肾炎、肝病、胃病患者，辛辣食物如辣椒、葱、韭、蒜、蒜苗、茴香、香椿、五香粉等，都会助热伤阴，当有所禁忌。又如慢性气管炎、肺气肿、哮喘病、肥胖者，应特别注意禁食甜味食物，如点心、水果等，因糖会助热生痰，增加脂肪，加速血管硬化，于病不利。

就是健康的老人，也应注意合理选择饮食，未雨绸缪，防止疾病的发生。除用药外，还需增加体力活动。

生命在于运动，爱运动即可减缓衰老，因为运动能使人体气机宣畅，津液得以布散，血液循环增加。长期坚持，可以改善心脏功能，积滞可行，消化力增强，气血运行通畅，自然益寿延年，乐享太平盛世。

担道义　呼振兴　诤言上书

20 世纪八九十年代，赵绍琴多次当选为全国和北京市政协委员，积极参政议政，为人民健康、中医事业的发展，提建议写提案，奔走呼吁，诤言上书，献计献策。

1982 年 3 月，北京市政协会议上，赵绍琴发出抢救国粹的呼吁。他大声疾呼："抢救祖国中医药学，刻不容缓!"引起与会者和社会各界的强烈反响。1986 年 3 月，在全国政协会议上，谈到中国当时中医事业的状况，赵绍琴忧心忡忡：

"中央指示，要把中医和西医摆在同等重要的地位。国务院批准成立了国家中医管理局，中医立法也在进行之中。这表明国家对中医的重视，令人喜悦。但是，中医界严重的后继乏人、后继乏术、后继乏药等问题，确实令人担忧。1950 年，全国中医有 50 多万，当时全国人口 4 亿，现在人口增加到 13 亿，而中医人数却减少到 30 多万；很多临床医生缺乏扎实的基本功，满足于用成方治病，一些搞中医研究和教学的专业人员，只注重发表论文，以取得职称和学位，却忽视临床实践；现在开一张方子，缺两三味药是常事，直接影响疗效。中药的种植，野生中药的采集收购、调拨等，要有合理的安排。因定价过低而收不上来的常用药，要给予补贴，传统药、紧俏药不能只供出口，也应满足国内需要。中药饮片的炮制和中成药的加工，一定要严格把关，统一标准，建立健全中药饮片和中成药的检验制度……”

赵绍琴认为，中医要从三个方面努力：首先，要能治疗高烧、昏迷、吐血、抽风等危急病症，以改变人们误认为中医只能治慢性病，或只能对病人进行一般调理的成见。其次，要提高诊断的准确性。近年来，中医水平降低了。中医讲究望、闻、问、切，而切脉是基础。要能分辨出脉象的部位、形态、薄厚、宽窄，准确地判断病情，绝非一朝一夕之功。过去给皇帝、后妃看病，必须跪着，而且不许发问，所以没有切脉的真功夫是不行的。现在有些中医，只问问病情就开方子，这就缺乏科学依据。第三，要大力培养中青年大夫，全国要建立一两个能治疗急性病的中医医院，以尽快改变中医后继乏人、中医不受重视的局面。

赵绍琴说："在打开国门，改革开放之际，我们的中医中药事业有了较大发展。国家、集体、个人创办的各类中医院纷纷涌现；推广承包经营责任制，杜绝了'大锅饭'的浪费现象；发挥老中医的余热，实行挂牌门诊，改善了群众就医难的问题；各种中医著述的质量、数量都有所超越；尤其是中医大夫干劲十足，景象喜人。近年来，不仅在国内获得了大发展，而且中医中药越来越受到各国的瞩目，世界上出现了空前的‘中医热’，从亚太地区席卷欧美。仅1987年，就有40多个国家要求中国卫生部门协助开办中医学院和医院，合作开展运用中医中药治疗疑难重病的研究；几乎世界上一多半国家都有留学生、进修生，专程来中国学习中医药知识和针灸；至于邀请中国中医代表团讲学交流等活动，数不胜数。足见中华医学在世界上享誉之隆。1987年11月，在北京成立了以中国为首的世界针灸联合会，这是中华民族的光荣，是中医事业兴旺发达的标志。”

但是如今，我们中医界的现状，却应付不了这样的局面，我们中医的水平实在是有些下降……中医后继乏人、乏术。高等中医教育理论与临床严重脱节，不少教师不愿看病，造成单从书本上学中医的怪现象。作为一名老中医，赵绍琴对上述状况深感焦虑：“中医现状若不尽快改变，再过十几年，后果不堪设想!”他在书面建议中提出，应尽快为每位有专长的老中医配备助手，并采取带徒弟的办法培养后继人才，将老一辈中医长期积累的宝贵经验继承下来，为人民健康服务。他说:“现在一些发达国家出现了‘中医热’，从中医的思维方法、理论模式到临床诊断、用药，都加以研究。日本更走在了前面。”日本汉医学界有人曾扬言:“10年后让中国人到日本学习中医。”但是，他仍坚信，在中医这座科学高峰上，飘扬的应该是五星红旗……

赵绍琴指出:“现在有些学生学中医，不是为了给人看病，而是为了拿文凭，考研究生，留校搞教学。所以形成学生背书，老师教书，而且划定范围考试，不能‘出圈儿’。这怎么行！医学是实践性很强的科学，尤其是中医，许多经验之谈不承认不行。必须实践，必须攻克一个个疑难大症，才能立于不败之地。没有临床实践，仅凭中医理论是治不好病、也写不出好论文的。老师不懂临床，带不出好学生……”

如何改变这种状况？赵绍琴认为：“首先要树立治病救人的观念。我们的学校不能培养庸医，庸医杀人！其次是进行教学改革。目前，中医院校课程设置不够合理，临床课程安排得太少，也太晚。没有临床感受，许多中医理论对于古文基础不太好的年轻学生来说，无异于天书。因此，中医教学必须理论联系实践，学生入学后，要尽快接触病人，最好上午临床，下午讲理论，针对临床出现的问题及时讲授。讲课要跳出课本，这样才能收到好的效果。再次是中医理论有待提高。现在我们的社会环境、气候条件和人们的饮食结构等，都发生了很大变化。有些中医理论，已不那么适用于今天病人的情况了，需要根据当前实际继续探索。许多新病种，如癌症、艾滋病等，都是我们先人从未遇到过的，要让祖国医学为人类作出新的贡献……”

不愧为三代御医之后的又一代名医，赵绍琴的肺腑之言，切中要害，振聋发聩！

赵绍琴认为，提高中医临床疗效，是发展中医优势之关键。他在每次政协会议上都积极建言，而且利用一切机会，向媒体发出呼吁。针对现实中存在的问题，如对中医的传承、教育改革、研究生教学、科研、高校教学、理论与临床课程设置的比重，以及中医药人才的培养、中医药管理、质量与价格、中药材的炮制加工及种植、收购，节约用药、反对浪费等诸多方面，提出了一系列意见、建议和倡议。他出于对公众健康安全的忧思，对祖国医学事业的一片忠诚，毫无保留地捧出一颗滚烫的赤子之心。

他的意见和建议受到政府的重视，很多被采纳，已见成效。他在20年前发出的声音，我们今天看来仍有教益。尽管某些意见或有偏激，那是因为“爱之深而恨之切”啊，更见其拳拳爱国心，一腔赤子情。

访多国　著文章　四海称颂

中医中药走向世界，是老一辈医家梦寐以求的愿望。早在 20 世纪 50 年代，萧龙友先生就颇有远见地提出了“中医要走向世界”的主张。他在《中医学院成立感言》中说：“现在中医学院的教学，必须打破门户之见，急起直追，赶上世界先进医学的水平，加强理论联系实际，进一步发扬中医学，以供世界同用，而成为世界的新医学。”

随着改革开放的推进，中医中药正在阔步迈出国门，走向世界。国内中医界与国外的学术交流和人员往来不断加强，中药制剂更是展示出广阔前景和巨大市场。西欧、北美许多国家，正在逐步接受中医学，中医诊所、针灸学校和中医研究所已遍布于西方国家。老一辈医家的夙愿，正在逐步变为现实。令人欣慰的是，多位曾亲受萧龙友、孔伯华、施今墨、汪逢春等名师教诲的名老中医，依然活跃在救死扶伤的战线上，并且为中医走向世界作出了贡献。

1978 年 8 月，赵绍琴的著述《温病纵横》完稿；1980 年 2 月，《赵绍琴临证四百法》告竣，均由北京中医学院印发。1982 年 8 月，《温病纵横》由人民卫生出版社出版。

人们欣喜地看到，喜逢春雨的大树，繁花似锦，硕果盈枝！

从 1980 年炎热的夏季开始，赵绍琴应邀去祖国各地讲学，他的足迹踏遍了天南海北，如上海、长春、贵阳、西安、榆林、运城、长治、太原、大同、赤峰、呼和浩特、南昌、九江、郑州、南阳、石家庄等。在日常生活中，赵绍琴的日程总是排得满满的，门诊、教学、外出讲学，素无闲暇。家里的事情、孩子们的教育，统统交给夫人打理。

赵绍琴治疗温病和肾炎的名声越来越大，找他诊治的人，上至中央首长，下及平民百姓，远至日本、新加坡、韩国等。他时常受命为中央领导诊脉疗疾，为国内名流政要切脉处方。他诊治过的名人，有方毅、陈慕华、王雪涛、世界船王包玉刚、数学家张广厚、作家萧乾、冰心等。

1982 年 3 月 19 日，赵绍琴应邀去日本访问、讲学，历时 18 天，在东京、京都、熊本、德岛、挂川、札幌等 6 城市，主讲温病学，引起轰动。

1982 年 5 月，赵绍琴被评为北京中医学院先进工作者。

1984 年，赵绍琴再至东瀛，出席日中学术交流——东方医学学术讨论会第三十四届年会，是与会代表中胸佩白花的尊贵客人。会上，赵绍琴作了关于湿热病辨治的学术报告，再次引起轰动。会后，他应邀到神户、广岛、东京等地讲学，所到之处，受到听众的热烈欢迎，每一次演讲都赢来经久不息的掌声。

1984 年 8 月 6 日，《北京日报》人物专栏刊发《三代御医之后赵绍琴》，他的名字传遍了大街小巷。《中国中医药报》、《团结报》、《人民日报（海外版）》、《人民政协报》、《科技日报》等多家媒体，从不同侧面报道了赵绍琴的事迹。

1984～1987 年，赵绍琴《脉学辅导》，在《中国农村医学》杂志连载 12 期。

1985 年 4 月，赵绍琴当选为北京中医学院院务委员。5 月，被北京同仁堂制药厂聘为顾问。6 月，应聘为北京中医学院图书馆名誉馆长。

1986 年 8 月，赵绍琴著作《温病浅谈》由人民卫生出版社出版。

1987 年金秋时节，赵绍琴应邀去新加坡讲学整整 1 个月。其间，为同济医院所属医药研究院高级中医研修班的学员讲授温病学和脉学。

1988年，赵绍琴编注的《文魁脉学》由北京出版社出版，了却了他的平生夙愿。方毅为之题写书名，爱新觉罗·溥杰作序。

1989年6月，赵绍琴再度应邀赴新加坡进行学术交流，举办讲座，到医院应诊示范，受到新加坡医学界同仁的热烈欢迎。新加坡商会向他赠送了“泽惠病黎”金盾。

1989年10月，《赵绍琴内科学》初稿完成。

赵绍琴切身感受到，历史上曾为中华民族的健康、繁衍、繁荣作出重要贡献的中医药学，受到世界各国人民的极大欢迎和重视。日本医学界正在加大投入，在更大的范围研究中医、中药，也开展了对温病学说的研究，且密切注视着中国近几十年来新的中医药成果。赵绍琴亲眼看到新加坡人对中医药、针灸治病的迫切需求，当地学者认为，独具特点的中医学诊断和治疗，更容易被患者接受，对一些重症病人，中医药的治疗方法独具疗效。而当年的联邦德国已和中国商定，在其境内建立中医医院……

至此，赵绍琴的事业进入巅峰时期。他担任了北京中医学院温病教研室主任、全国中医学会内科专业委员会顾问、全国政协委员，同时受聘定期去鼓楼、宣武等中医院指导工作。另外，他还兼有30多个顾问的头衔，有不少大医院请他去瞧病、会诊。可以说，赵绍琴把自己的全部精力都献给了中医事业。

荣誉的光环垂青于不辞劳苦的耕耘者。赵绍琴没有停下匆匆的脚步，每天秉烛夜读，圈点古籍，伏案疾书。困倦至极，站起来伸展臂膊，一眼看到父亲遗留的“鹤伴吾庐”大匾，仿佛又听到慈父谆谆的叮咛，脑际油然幻化出一幅“晴天一鹤排云上”的长天碧水图，父亲驾鹤高翔，在邈远高天注视着自己，那热切期冀的眼神，久久刻印在他的脑海。他便又振作精神，重新坐回书案旁。

1990 年 3 月，赵绍琴编著的《赵文魁医案》由人民卫生出版社出版。文魁公当年尤精于内科、疑难杂症、温病与伤寒，只是平生忙于诊务，很少著述，这成为赵绍琴的一块心病。此书的出版，是他对父亲的最好纪念。

赵绍琴的贡献，不是一般意义上治好了多少病人、培养了多少学生。一本本的著述也浸透了他不舍昼夜的探究工夫，从理论到临床，从舌象到指尖，从组方到垂危病人服药后挣脱死神魔掌，缘着赵氏的神药，魂魄丝丝回归人寰……他从中梳理出一个个成方和医案，再进一步分析、比较、总结、提炼。

1990 年 5 月，赵绍琴访问韩国，在东国大学和庆肇大学作巡回学术报告。韩国 9 所大学派出代表参加。前来听讲的人摩肩接踵，场面极其热烈，访问因之延长。当时中韩尚未建交，赵绍琴的访问促进了两国民间的医学交流。

从 1991 年 5 月开始，赵绍琴和同道祝谌予、索延昌、翟济生等12位专家，联合在北京大北窑十字路口专家门诊部应诊，两年多治疗的病人数以万计，并多次为灾区和残疾人捐款、义诊，受到社会各界好评。

赵绍琴的仁心妙术、严谨治学和一丝不苟的敬业精神，救人于水火而不图私利的高风亮节，身居京华而忧天下万民的情怀，可谓一代名医，大家风范，医家楷模。

1994年12月，北京中医药大学（原北京中医学院）为赵绍琴举办了从医60年庆典。卫生部原部长崔月犁、农工民主党中央主席方荣欣、卫生部原中医司司长吕炳奎及国家中医药管理局等有关人士参加了庆典。

享良缘　育英才　献身医学

1945 年，赵绍琴与京城女子吴静芳女士结为伉俪。吴氏出身望族，从小博闻强记，过目成诵，人称“活字典”，中国大学政治经济系肄业。婚后拜瞿文楼先生为师，研读《黄帝内经》、《伤寒论》、《金匮要略》、《濒湖脉学》、《本草经》等医典。1952 年以后，随高凤桐先生学习针灸，随清代御医佟阔泉学习内科、妇科、儿科临床，系统进修中医理论。后来一直从事中医临床、教学和研究，有《吴静芳内科心法》等著作行世。

半个多世纪以来，夫妻二人相敬如宾，医道同源，比翼齐飞，共商医术，治病救人，风雨同舟，相濡以沫。夫妇俩同为著名中医，传为杏林佳话。夫人贤淑明达，持家理事，包揽一切；相夫教子，睦邻谊友，井井有条。赵绍琴常常外出开会、应诊、讲课、练拳，出席什么场合，穿戴什么衣服，搭配哪件衬衣、领带、皮鞋、帽子、公文包，乃至眼镜、手绢，夫人总是预先配置妥帖，赵绍琴伸手就得，几十年如此。吴静芳不是一般意义上的贤内助，还是一位博学多才、博闻强记的知音和诤友，临床医案，与夫君常有切磋。凡用过的电话号码、朋友家的地址门牌，她张口就来。赵绍琴想查资料，拾遗钩沉，夫人一口报出：在书柜第几层哪本书几章几节。赵绍琴乐得直夸："夫人是我的电子脑，活字典！"

晨昏相伴，唇齿相依，锅碗瓢盆总有磕碰的时候，情急了也呛呛两句，呛呛完了，该怎么着还怎么着。一个家庭主妇，又是事业上的强人，在学术上有所建树，人们难以想象她有多忙！丈夫出诊多，候诊的病号多，整天忙得油瓶子倒了没空儿扶。多少次，治疗中途，赵绍琴有活动要外出，多日不归，就把自己的患者托付给夫人，请夫人接着治。

吴静芳教授还有一段视师如父的美谈：恩师瞿文楼年事已高，身患痿疾，行动不便，生活不能自理。吴静芳当仁不让，兼起了瞿老的工作秘书和生活助手，精心照料老师的饮食起居，直到其去世。这期间，瞿老受聘为北京中医学院顾问，经常听取学院的工作汇报及教学计划、课程设置等，提出修改意见或答疑。所有内外联络，都是通过吴静芳联系传达。

人生难得一知己。赵绍琴与夫人耳鬓厮磨，情深意笃，携手相伴 56 个春秋，笑对人世间的风风雨雨。然而，纵有千年铁门槛，终须一个土馒头。2001 年 1 月 30 日，在京华医坛驰骋 60 多载的赵绍琴病故，享年 83 岁；同年 2 月，吴静芳女士在夫君西归不到 40 天，也相随远游，享年 81 岁。

国运中兴，百业待举。自赵绍琴 1956 年参与筹建北京中医学院开始，他就深受鼓舞，呼吸着清新空气，精神抖擞，踏上讲台，以中西医合璧的优势，开阔的视野，在临床历练中不断吸纳、反刍、提纯、升华，像一只春蚕，把自己酿造的精丝，倾吐给求知若渴的莘莘学子。他常常对学生讲："咱们做医生的一定要懂得，患者是我们的衣食父母。患者的利益高于一切。医生所做的一切都应该是为了患者，只有这样才有可能成为一个好医生。"

2008 年，在北京中医药大学郁郁葱葱的校园内，一拨拨学子脚步匆匆，涌进教室，研读经典，或神情娴雅，在绿荫长廊下，伴着鸟雀呼晴，融进首都清朗高远的秋韵。逸夫楼二层侧厅里，悬挂着北京中医药大学 21 位学者的画像，有院士、教授、临床名医，如瞿文楼、王永炎、董建华、任应秋、赵绍琴、刘渡舟、王玉川等，一个个名震全国的中医大家集萃在此。

同年，赵绍琴名家研究室成立。

赵绍琴 60 年临床、30 年教学与研究，从四方诊台到三尺讲台，不仅在国内外享有盛誉，更在一届届学子心目中竖起丰碑。

听过他讲课及受惠者多多，他带出了 20 多位研究生，许多人在国内外中医界已成栋梁。三位传承弟子王洪图、杨连柱、彭建中都已成为学科带头人或医疗骨干。

一届届学子成长起来走出校门，走向祖国各地，走向世界，带着人民和师长的重托，播洒甘霖。2002 年 1 月，赵绍琴门徒与后人携手，整理编校《赵绍琴内科学》原稿，由北京科技出版社出版。其弟子和子女遵从前辈遗愿，每天躬耕不辍，整理先生的著述、遗稿，认真检索，校勘，已整理出版了《赵绍琴内科精要》、《赵绍琴临证验案精选》、《赵绍琴温病讲座》、《吴静芳内科心法》等，完成了先生生前的重托。

每年清明时节，学生们满怀敬意，祭奠老师和师母。墓碑旁边，留下一束束洁白的玉兰和菊花。来者有研究生、大学生，也有老师当年救治过的病人。每年春节前夕，师兄弟们从海内外归来欢聚一堂，五六十人，怀念师恩，展望未来，心中充满豪情。

赵绍琴的医术、理论、医德风范，在接力者的手中传递着……

（撰稿人　刘连翠）

《中华中医昆仑》丛书 150 位医家名录

（按生年排序）

张锡纯	丁甘仁	萧龙友	王朴诚	恽铁樵
曹炳章	冉雪峰	谢　观	施今墨	汪逢春
孔伯华	黄竹斋	吴佩衡	蒲辅周	陈邦贤
李翰卿	李斯炽	姚国美	陆渊雷	张泽生
时逸人	张梦侬	叶橘泉	王聘贤	陈慎吾
邹云翔	赵炳南	承淡安	余无言	刘惠民
岳美中	沈仲圭	秦伯未	赵锡武	韦文贵
程门雪	黄文东	赵心波	董廷瑶	吴考槃
章次公	石筱山	陆南山	张赞臣	李聪甫
刘绍武	陈存仁	朱仁康	陆瘦燕	姜春华
韩百灵	高仲山	李克绍	王鹏飞	刘春圃
金寿山	哈荔田	何世英	周凤梧	干祖望
关幼波	王为兰	任应秋	罗元恺	祝谌予
杨医亚	郭士魁	何时希	耿鉴庭	俞慎初

裘沛然	顾伯华	江育仁	邓铁涛	门纯德
刘渡舟	尚天裕	朱良春	李玉奇	程士德
尚志钧	赵绍琴	董建华	米伯让	李辅仁
张珍玉	班秀文	颜正华	于已百	颜德馨
路志正	方药中	王乐匋	黄星垣	谢海洲
余桂清	何　任	王子瑜	程莘农	陈彤云
焦树德	张作舟	张　琪	李寿山	张镜人
王绵之	方和谦	印会河	王玉川	蔡小荪
李振华	马继兴	王嘉麟	宋祚民	刘弼臣
王雪苔	刘志明	吴咸中	李今庸	任继学
裴学义	王宝恩	周霭祥	贺普仁	唐由之
赵冠英	许润三	金世元	陆广莘	刘柏龄
徐景藩	吉良晨	吴定寰	沈自尹	王孝涛
张灿玾	周仲瑛	强巴赤列	张代钊	李经纬
郭维淮	柴松岩	苏荣扎布	陈可冀	李济仁
夏桂成	郭子光	巴黑·玉素甫	张学文	陈介甫